겨울 별사

겨울 별사

초판 1쇄 | 2002년 11월 1일
지은이 | 김영재
펴낸이 | 김영재
펴낸곳 | 책만드는집

주소 | 서울 마포구 합정동 449-7 인옥빌딩 202호 (121-888)
전화 | 3142-1585·6
팩시밀리 | 336-8908
E-mail | chaekjip@chol.com
등록 | 1994. 1. 13. 제10-927호
ⓒ 김영재, 2002

잘못된 책은 구입하신 서점에서 바꾸어 드립니다.

ISBN 89-7944-156-8 (03810)

김영재 시집

겨울 별사

책만드는집

시인의 말

〈겨울 별사〉에서 〈억식이 동네〉를 쓰기까지 나는 고백해야 한다. 수몰 고향에 대한 시를 쓰지 못한 점과 고향에 가지 않았다는 자괴감을.

이젠 수몰 고향으로부터 자유롭고 싶어서였다. 고향을 잃은 상실감이나 노여움도 그만 접고 싶었다. 고향 아닌 다른 곳으로 여행을 떠났으며 고향 사람 아닌 다른 사람을 만나고 사랑하고 이별했다.

내 시로 수몰 고향을 어찌할 수 없듯 시가 사랑이 될 수도 없을 터, 다만 내 시를 통해 사랑의 아름다움이 읽는 이에게 화살이 되었으면 싶다.

외롭고 쓸쓸한 날들, 힘겨웠던 순간들 함께 산행을 즐겁게 해준 만고산악회 선후배들에게 고마움을 전하고 싶다.

그리고 한마디, 수몰 고향에게
'당신의 겨울산의 속살이고 싶습니다.'

—2002년 가을
김영재

차례

시인의 말 · 11

1

겨울 섬진강 · 16
추석전야, 어머니 · 17
천왕봉 · 18
절벽 · 19
파도 · 20
갈대 · 21
인사동에 가면 피리새가 있다 · 22
허물 · 23
편지 · 24
첫사랑 단풍 · 25
눈물 · 26
내 안의 당신 · 27
겨울 별사 · 28
풍경 · 29
봄밤, 낯선 곳에서 · 30

2

참 맑은 어둠 · 32
봄날 저물녘 · 33
밀애 · 34
직벽 · 35
가을 깊은 밤 · 36
소금 창고 · 37
하산 · 38
적멸 · 39
새로운 느낌 · 40
폭우 · 41
젖어서 흔들리는 · 42
가을 사랑 · 43
눈 · 44
빈잔 · 46
함부로 눈 위에 길을 내지 못한다 · 47
물푸레나무 사랑 · 48
연꽃 · 49
시 한 줄 · 50
가위 · 51
벽에 걸린 바다 · 52

3

지리산에 비 내리면 · 54
억식이 동네 · 55
단풍 · 56
구절리 · 57
고독한 산행 · 58
그 산 · 59
산을 내려오면서 · 60
관악산 · 61
이현상 루트를 갔다와서 · 62
겨울산에서 · 64
어둠 속의 길 · 65
삼도봉 · 66
별이 뜨고 질 때까지 · 68
산 오르기 · 69
유구무언 · 70
속리산 개구멍 지나며 · 71

해설 | 이지엽 · 72

1

겨울 섬진강

가물어서 여위어 가는 섬진강을 따라가면

살아서 속삭이는 나직한 목소리들

강 언덕 먼발치에서 산수유 피는 소리

얼지 않고 흐르는 강줄기 어디쯤에

산 그림자 강물 위로 느릿하게 비껴앉아

지아비 그러하듯이 봄채비를 서둔다

추석전야, 어머니

섬진강, 그 가난한 마을 속으로
밤기차가 지나간다

섬진강, 그 가난한 마을 속으로
마지막 버스가 지나간다

내 설움,
여기쯤에서 그만둘 걸 그랬다

천왕봉

오르는 길 멀고 길지만 머무를 시간 너무 짧구나
이제껏 오르지 못하고 멀리서만 바라본 곳
단 한번 꼭 오르고 싶었던
내 삶의 정수리

내 대신 누가 험한 산길 오르고 오르겠느냐
두 무릎 꺾이며 꺾이며 어리석었던 나를 버렸다
산 아래 고요히 누운 세상
아! 그걸 보며 나를 또 꺾는다

절벽

우리 앞을 가로막는
절벽은 있어야겠다
사정 없이 후려치는
바람에게 뺨 맞고
쓰러져
기댈 수 있는
막막함 있어야겠다

파도

헐떡이며 먼 데서 달려와
알 수 없는 힘으로 일어선다
바위를 할퀴고 삼키며
소금 먹은 모랫바람 뿌린다
쉼없이 깨어진 순간
부르르 몸을 떨었다
결코 희망일 수 없는
캄캄한 낯선 바닷가
거친 하늘 금 긋는
갈매기도 날지 않았다
온몸을 거칠게 버렸을 땐
날이 밝고 있었다

갈대

너 대신 흔들리기 위해 거친 땅에 뿌릴 박는다

줄기는 곧게 서서 사람의 키를 훨씬 넘고

널 위해 준비한 흔들림으로 갈대는 언덕에 섰다

맨 처음 꽃 피울 땐 청순한 보라였다

널 만나 흔들리면서 하얀 머리칼 되었다

단단한 줄기 그 속을 비워내기 위해서

꺾이고 흔들리는 것이 어디 갈대뿐이냐고

젖은 땅 습지 곁에서 너는 위로하고 있지만

갈대는 더 젖기 위해 늪으로 가고 있었다

인사동에 가면 피리새가 있다

부처님 오시는 날 인사동 갔더니

어디선가 들려오는 피리새 울음소리

몸 낮춰 찾아보았다. 연잎 열고 가는 새를

사람들 몰려오고 몰려가는 틈새에서

내 손 잡아주는 순한 새 한 마리

골목 안 외딴 바구니에 피리 되어 앉아 있다

가 보아라 인사동으로 피리새 만나고 싶거든

이름 없는 손이 빚은 옹기 피리새 일가족

피르륵 울어대면서 봄날을 흔들 것이니

허물

매미는 미련 없이 제 허물 벗고 나와

푸르른 한 생애를 울음 울다 가는데

나는 왜 허물을 지고 울지도 못하는가

편지

어제오늘
가랑비
두어 번 뿌리더니
새벽엔
가슴팍이
제법 서늘하네요
늦더위
혼자 삭히며
너의 편지
읽고 또 읽다

첫사랑 단풍

내설악 들어섰더니
첫사랑 단풍
거기 있었네
스무 살 첫눈 맞던 날
눈발 따라 떠난 그대
붉은 멍
가슴 그대로
눈꽃으로 피고 있었네

눈물

떨어지는 내 눈물이

가을 잎으로 물든다면

돌아앉아 흐느끼는

겨울산이 되겠네

가랑잎 혼자 잠이 든

선운사 그 어디쯤

내 안의 당신

강을
건넜으면
나룻배를 버려야 하듯
당신을
만났으니
나를 버려야 했습니다
내 안에
자리한
당신
바로 나이기 때문입니다

겨울 별사

당신의 겨울산의 속살이고 싶습니다

당신의 속살이 되어 내리는 흰눈을 쓰고

눈 내린 시간을 지키는 등불이고 싶습니다

강물을 가로질러 날아오르는 철새처럼

나 또한 철새 되어 당신의 가슴으로 날아올라

칼바람 날개로 버티는 사랑이고 싶습니다

풍경

좁다란 다리 위로 한 사람이 걸어가고

다리 아래 강물 위로
한 사람이 거꾸로 걸어가고
다리 아래 강물 위로
하늘이 똑바로 내려앉고

이러한 정직한 풍경, 요즘 보기 어려워라

봄밤, 낯선 곳에서

꽃자리에 등불이 환하게 걸려 있다
바람 불어도 꺼지지 않고
밤 깊어도 흔들리지 않고
등불은 꽃이 되어서
나와 함께 밤 지샌다

2

참 맑은 어둠
―무산 스님에게

사랑을 버리고 싶다
버릴 사랑
어디 있느냐

백담사
굽이 오름길
어둠이
참 맑다

스님은
혼자 서 있고
산은
여럿 모여 산다

봄날 저물녘

꽃들은 저들끼리

찬란하게 피어나서

누군가 흐느껴 막아도

소리 없이 지고 있다

여윈 봄 먼길 가다가

날이 저물 때였다

밀애

흔들림도 없이 심심한 느린 햇살 속으로

도토리 알몸 한쌍이 재빠르게 떨어진다

가을은 혼자 속 타는지 마른 침 꿀꺽 삼키네

직벽

두 눈 부릅 뜨고 앞길 가로막는 너
버티고 서 있는 모습 사뭇 당당하구나
한점의 흐트러짐 없이
직각의 위태로움까지도

가야 할 길 막는 것이
더욱 힘 솟게 하는데
나는 독한 마음으로
너의 전부를 통과한다
너와 나
하나가 되어
또 하나의 사랑이구나

가을 깊은 밤

은행잎
제 무게 못 이겨
지고 있는 가을 깊은 밤
나에겐
외로움도 위안이 되지 못했다
어두운
하늘 저편에
별똥별이 지고 있을 뿐

소금 창고

내 마음 깊은 곳에
소금 창고 한칸 짓고 싶다
비좁고 허름하지만
왕소금으로 가득 찬
그 창고
문을 밀치면
큰 바다가 세상 뒤집는

하산下山

세상에서 가장 무거운
내 육신의 눈꺼풀

세상에서 가장 **빠른**
잡을 수 없는 세월
하산下山 길
돌틈에 낀 가랑잎이
내 발목을 잡는다

적멸
—원각 형에게

한계령 깊은 골에서 사람을 그리는 일
어리석고 어리석다,
단풍이 지고 있다
비단옷 내팽개치듯 나무들 알몸 아니냐

산에 박혀 혼자서 외로움 삭히는 일
그 무슨 다짐이 있어
바람인들 벗이 되랴
어둠 속 흐르는 물소리에 귀를 적셔 보아라

술잔 가득 채우는 건 독한 슬픔 아니다
부질 없는 육신의 불
아직 버리지 못함이니
문 밖에 손이 와 있다, 마저 잔을 채워라

새로운 느낌

와이셔츠 윗단추를
단단히 채워야겠다
예전엔 갑갑했는데
허한 바람 만난 탓일까
내 안에 들끓는 바람
잠잠해진 까닭일까

세상의 찬란한 기운
만나지 않아도 좋다
와이셔츠 윗단추 채우고
집을 나설 때였다
넥타이 앞장 세우니
또 하나의 내가 간다

폭우

사랑하라 그렇게 벼락치듯 사랑하라

침몰하라 그렇게 사랑의 타이타닉

미친 듯 내리꽂히던 열병 같은 빗줄기

젖어서 흔들리는

근심 없는
코스모스
가을비
맞고 있다

가녀린
너무 가녀린
예쁜 몸
젖고 있다

젖어서
흔들리는 건
사람 사는
일 아니냐고

가을 사랑

그대 없는 빈자리에
가을이 오고 있다
가을은 무심해서
낙엽을 두고 가지만
낙엽은 잠들 수 없어
이슬에 몸을 적신다

눈물에 적셔진 잠
아침을 맞이하지만
차가운 이슬방울
햇살에 몸 말릴 뿐
마음은 누런 풀잎 되어
콜록이며 기침 뱉는다

눈

여보게, 맨머리로 눈을 맞으면 안 되지
기다림의 첫눈이지만 얼마나 깨끗할까
철없이 눈을 맞으면 머리털이 못 견딘다지

내린 눈 더럽다 하고
산성눈 무섭다 하네

남의 눈을 의식하며 살아오다 내리는 눈까지 피하게
된 사람, 눈을 마주보며 눈을 먹던 어린 시절 눈은 마
음의 창이며 순결의 상징으로 배웠는데 그대가 보낸
눈빛 사랑으로 알았는데 새해 아침 내린 눈 희망으로
풍요의 약속으로 믿었는데 그렇게 알았는데

눈 내린 저녁 거리에서
눈을 피해 갈 곳 잃다니

눈을 피하는 것쯤이야 어려운 일 아니지

가벼운 눈송이처럼 어둠도 내려지겠지
언젠가 눈을 거두면 눈처럼 녹을 사람아

빈잔

그대
떠난 그 자리에
낙엽이 지고 있다
가을은 혼자가 아니라서
슬픔까지 껴안는다
찻잔엔 바람 머물다 가고
나는 빈잔으로 남는다

함부로 눈 위에 길을 내지 못한다

뜬금없는 너의 소식처럼
일요일에 내린 눈은
마른 풀 위에 내리고
잎 진 가지에도 쌓였다
그렇게 살아 움직이던 것들이
밤사이에 모두 얼어붙었다

함부로 눈밭 걸을 수 없다
내 발자국 빗나갈까 봐
그 누군가 믿고 걷다가
어둠 속에 갇힐지 몰라
눈 위에 길을 내는 일
사랑보다 두렵다

물푸레나무 사랑

너, 멀리 길 떠나고 나는 비에 젖는다
물가에 앉으면 물이 되고
숲속 거닐면 잎으로 흔들리던 너

비 오는 강가에 앉아
흐르는 사랑 만진다

너 없는 시간에 물 속에 손을 담그면
하늘이 시리게 내려와
파랗게 배어든다

내 몸이 자꾸 서럽게
물푸레나무로 서 있다

연꽃

연꽃은
아무 곳에서나
함부로
피지 않는다

초록잎 위에
흙탕물 뿌려져도
은구슬 굴리는 걸
보면 안다

진흙 속
두 발 담그고
즐거워하는
아,
즐거워하는

시 한 줄

집 한 채 짓고 살기
한평생 걸린다지만
마음에 시 한 줄 긋고 사는 일 얼마나 쓸쓸한가
각박한 세상살이에
웬!
시 한 줄이라니

가위

이 가위로
잘라야 할 것은
거침없이 잘라야 한다

삼겹살이나 수입 쇠고기
김치 폭 따위야
그만두고

네 심장
깊숙이 박힌
고래심줄 같은 것

벽에 걸린 바다
−윤재걸에게

〈벽에 걸린 바다〉 그 그림 생각난다
시인이 호구책으로 차린 대학 앞 생맥주집
바다는 벽에 걸릴 수 없어 얼마 후 문 닫았지

호프가 희망일 수 있다고
호프 따르던 내 친구

호프는 희망이 아니라 거품이란 걸 뒤늦게 알았는지
벽에 걸린 바다, 그만 접고 지방신문사로 자릴 옮겨
논설위원이다, 주필이다 마구 써갈기더니 몇 년 만에
상경하여 호프 대신 소주잔 건네네

친구여, 쓰려거든 정말
잡설 대신 참을 쓰자

3

지리산에 비 내리면

지금도 알 수 없어라
지리산에 비 내리면
밤인지 아침인지
골짜기는 온통 어둠뿐
세상과 교감하는 일
깊고 고단한 잠이란 것을

낮과 밤, 그 주인이 뒤바뀌던 시절
밤이 되면 손전등 앞에서
벌레처럼 웅크렸던 사람들
지금도 알 수 없어라
누가 적이고 동지인가를

내 젖은 발등 위로
풀잎이 스치운다
마른 풀잎의 감촉이 어쩐지 어설프다
산비는 언제 만나도
낯설고 무섭다

*억식이 동네

지금도 그곳 가면 내 친구 억식이
흙 먹고 살고 있는지 아니면 내 친구 아닌
아버지 동무 억식이 똥짐 지고 살고 있는지

나는 알지 못해도 지도에 나온 동네
비 오는 날 맨발로 걸어걸어 찾아간다
억식이 이름만 들어도 눈물날 것 같은

할아버지의 할아버지 꼭 닮았을 억식이
아버지 친구의 친구 딱 한번 언뜻 뵈었을
억식이 억식이 동네 깊은 산에 살고 있었네

*억식이 동네—경북 상주시 화남면에 소재한 화령재에서 갈령 사이의 백두대간 구간에 있는 자연 부락.

단풍

당신도 처음에는 연초록 잎새였다

너와 나

사랑으로 뒹굴고 엉클어질 무렵

목이 타

붉게 자지러져

숨이, 탁!

끊긴다

구절리

구절리 가는 길손
아우라지 강을 건너면
가을의 마지막을
흔들리며 지키고 서 있는
구절초 보랏빛 눈물
시린 가슴 젖는다
붉은 단풍 산정에서
서둘러 하산하는데
입산한 그대의 방랑
어디쯤 길 잃었나
노추산 늙은 어미새
구절구절 세월을 운다

고독한 산행

쓰디쓴 커피를 마시듯
바위를 들이마셨다
그리움에 허기져 마음을 통째로 삼키며
고독한 정상에 서서
눈보라를 식탐했다

그 산

산이 거기 있어
나를 몸살나게 한다
밤 깊은 시간에도 소리 없이 찾아와
그리움
뜨거운 그리움이
무엇인지 사무치게 한다

산을 오르는 일이 깨달음을 얻기 위함인지
참고 견디면서 나를 시험하기 위함인지
오르고 또 오르면서 나를 찾는 고난인지

바위산을 오를수록
육신이 헐거워진다
바위의 부드러운 힘이
나를 흔들기 때문이다
참으로 아름답구나
가벼움과 무거움이

산을 내려오면서

깎아지른 외길 능선을
돌아설 수 없는 마음으로
차마 뒤돌아보지 못하고
한발 절뚝이며 내려옵니다
당신과 하나 된 순간
저버릴 수 없음입니다
온몸이 땀범벅이 되어
당신과 언약했습니다
절정의 그 기쁨이
헤어짐이란 걸 알았기에
영혼은 그대에게 맡기고
빈 몸만 내려옵니다

관악산

태풍 휩쓸고 간 다음날
맑고 고운 구름이불 펼쳐놓고
연주암 휘돌아 나오는
반야심경으로 배를 채웠으니
세상 옷 홀라당 벗고
바람으로 몸 씻는다

이현상 루트를 갔다와서

서울은 찌는 날씨인데
지리산엔 비가 내린다고
멀지도 가깝지도 않게
핸드폰에 흐르는 목소리
이현상 최후격전지 갔을 땐
침묵과 목마름이 더했었지

피아골에 그대 두고
밤 기차를 타면서
함께 땀을 뿌렸던
벽소령 오르기 전 꺾여진 길을
언젠가 다시 찾아갈
내 순정이 있음을 믿는다

길은 있다가도 없어지고 또다시 이어지더라
두 무릎 뭉개지면서 바위 이끼 위로 길을 잡았지
무엇이 이 깊은 산에 있어 못 이룰 사랑 뿌렸을까

꽃은 피었다 지고
잡초는 짙게 자라서
피아골을 뒤덮고 있는
안개를 흔들지만
깊은 숲 바위에 웅크린
혼들은 살아 있었네

겨울산에서

속살까지 환하게 내보인 겨울산이

눈이 내린다고 속곳 같은 눈이 내린다고

혹한을 죽비로 삼아 내 혼을 내리친다

어둠 속의 길

때로는
어둠 속 길도
내 몸과 같아서

무턱대고 발 내딛기보다는
헛기침이라도 한번 해주면

발 아래
깔리는 낙엽 되어
따스한 힘이 되리

*삼도봉

그대는 사람을 불러모으고 흩어지게 한다
그리움과 미움이 하나 되어 손잡게 하고
삭이지 못한 울음까지 단단하게 만든다

아 그대는 왜 거기
불끈 솟아
천하를 껴안는가
경상 전라 충청에서
치솟는 힘 아우러지게 하는가
눈보라
험난한 땅을 지키며
등뼈로 살아 있는가

우리는 오늘 스러져도
그대는 내일로 서서
바람이 왔다가도
백두대간으로 남는다

힘겨운 싸움 한판도
넉넉하게 이겨낸다

*삼도봉 — 해발 1,177m. 충청(영동), 경상(김천), 전라(무주) 삼도의 접점 봉우리. 조선 태종대에 나라를 팔도로 나눌 때 이 봉우리에서 삼도가 나뉜다 해서 얻어진 이름. 삼도가 나뉘며 이어지고 역사의 바람이 몰려왔다 흩어짐. 백두대간 줄기.

별이 뜨고 질 때까지

별들이 어둠에 박혀 내려오지 않고 있음이란

그 위험스런 찬란함

그 장엄한 광채란

깊은 밤 구천동 들어 걷지 않으면 모르리

통이 트면 별들은 흔적 없이 스러지고

얼음쪽 같은 상현달

잎 진 가지 끝에 맺히지

산과 산 그 틈 사이로 안개 속 세상이 열린다

산 오르기

높은 산 오르려면

꼭대기를 바라봐선 안 돼!

두 발 든든하게 받쳐주는

땅 힘과 눈 맞추고

마음을 낮추고 낮춰

쉼 없이 걸어야 해!

유구무언

물은 높으신 곳에서 낮은 곳으로 흘러가시고

산은 낮은 곳에서 높은 곳으로 오르시고

사람은 욕심이 많아 이도 저도 못하시고

속리산 *개구멍 지나며

속리산 문장대 올라
산죽밭을 가다 보면
바위가 앞을 막고
개구멍이 길을 연다
개구멍 비좁게 빠져나오면
또 다른 세상 열리고

숲속은 어둡더라
바위는 물기투성이
하늘이 보이기는 하거늘
좀처럼 열리지 않아
계곡에 알몸을 담그니
그곳이 모태인 것을

*개구멍바위 – 백두대간 문장대에서 밤티재로 가다 보면 개구멍바위 두 개를 통과해야 한다.

해설

사랑, 그 부재의 아름다운 견딤
－김영재론

이지엽 | 시인, 경기대 한국·동양어문학부 교수

1. 흰 속살의 사랑

문학을 포함한 모든 예술적 행위의 영원한 테마는 무엇일까? 오늘날의 시인들은 무엇을 쓰며 어떤 사유를 하고 있는 것일까? 태어남과 살아 있다는 것과 죽어 가는 일 사이에서 무엇이 이들에게 쓰게 만들며 고민하게 하는가. 삶과 죽음 사이에 놓인 생 가운데 아마 가장 절실하게 다가오는 자각이 있다면 살아 있다는 것일 것이고, 그 살아 있다는 존재의 확인은 사람마다 다르긴 해도 사랑이 아니겠는가. 사랑은 그러나 홀로 오는 법이 없어서 아픔과 환희를 동시에 동반한다. 시인은 고민을 하고, 그 고민이 시를 낳고, 시는 또 고민을 낳으리라.

김영재 시인도 사랑을 노래하고 있다. 그 사랑의 빛깔은 어떠한가. 누가, 무엇이 그에게 사랑을 노래하게 하는가.

　　당신의 겨울산의 속살이고 싶습니다

　　당신의 속살이 되어 내리는 흰눈을 쓰고

　　눈 내린 시간을 지키는 등불이고 싶습니다

　　강물을 가로질러 날아오르는 철새처럼

　　나 또한 철새 되어 당신의 가슴으로 날아올라

　　칼바람 날개로 버티는 사랑이고 싶습니다
　　　-〈겨울 별사〉 전문

시인이 희원하는 사랑은 '겨울산의 속살'이다. 미지근한 사랑이 아니라 희고 차가운 사랑이다. '눈 내린 시간을 지키는 등불'의 사랑이다. 어둠으로 캄캄하게 마주하는 사랑이 아니라 무언가를 기다리며 자신을 밝히는 등불의 사랑이다. '강물을 가로질러 날아오르는 철새'의 사랑이다. 수만 리를 날아와서 잠시 앉았다 가는 사랑이다. 이처럼 허망한 일이 어디에 있을까. 수없는 기다림으로 견디어온 사랑 앞에 시인은 어떠한 말도 하지 못한다. '내 그대를 사랑하므로 나의 사랑을 받아달라'고 하지도 못한다. 오로지 '칼바람 날개로 버티는 사랑'의 자세를 보여줄 뿐이다. 아픔으로 견디는 사랑이요, 고통을 건너는 사랑이다. 이 지고지순한 사랑은 어디서 오는 것일까? '가물어서 여위어 가는 섬진강을 따라가면/살아서 속삭이는 나직한 목소리들'에도 있고 그 '강 언덕 먼발치에서 산수유 피는 소리'(〈겨울 섬진강〉에서)로부터 오기도 하고 '섬진강, 그 가난한 마을 속 밤기차'와 '마지막 버스'와 그것을 기다리는 '어머니'(〈추석 전야, 어머니〉에서)로부터 오기도 한다.

    섬진강, 그 가난한 마을 속으로
    밤기차가 지나간다

    섬진강, 그 가난한 마을 속으로
    마지막 버스가 지나간다

    내 설움,

여기쯤에서 그만둘 걸 그랬다
- 〈추석전야, 어머니〉 전문

　우선 그것은 '가난'으로부터 길들여진 사랑이다. '마지막 버스'를 타고 귀가하는 사람들에겐 늘 삶의 파도는 높은 법이다. 막차를 놓치고 삼사십 리는 일도 아니게 걸어서 귀가하는 사람들에겐 삶의 아픔은 이미 아픔이 아니다. 그 설움을 시인은 애써 끌고 다녔다. 그만 끝장을 내고 싶은데 그것을 애지중지 안고 여기까지 온 것이다. 그래서 시인에게 친숙한 것은 오히려 '막막함'이거나, '외로움'이다. 작품 〈절벽〉에서는 '우리 앞을 가로막는/절벽은 있어야겠다'라고 시인은 얘기하면서 '사정 없이 후려치는/바람에게 뺨 맞고/쓰러져/기댈 수 있는/막막함 있어야겠다'라고 말한다. 건너뛰어 넘는 대상으로서의 '절벽'이 아니라 기대는 '막막함'으로서의 '절벽'을 얘기하고 있는 것이다. 어쩐지 눈물겹지 않은가. 이 시인에게는 그러므로 '은행잎/제 무게 못 이겨/지고 있는 가을 깊은 밤'에 외로움마저도 위안이 되지 못하고 있는 것이다.(〈가을 깊은 밤〉에서)

　매미는 미련 없이 제 허물 벗고 나와

푸르른 한 생애를 울음 울다 가는데

나는 왜 허물을 지고 울지도 못하는가
-〈허물〉 전문

〈허물〉이라는 작품에는 세계에 대한 시인의 의식이 어디로 향하고 있는가를 잘 보여주고 있다. 매미가 마음껏 제 울음을 우는데 시인은 울음마저도 마음대로 되지 않는다는 것이다. 그 울음은 결국 자아에 대한 아픈 자각으로 꽂히고 있다. 바깥으로 새어나오지 못하는 시인은 속울음을 울고 있는 것이리라. 이렇듯 그의 사랑은 드러나지 않고 오로지 자신을 향하고 있다. 자기애가 아닌 데도 그 애정이 얼마나 곡절하면 타자나 세계를 향해 쏘아 올리지 못하고 내부로만 응축되는 것일까. 응축되어 피가 도는 것일까.

너, 멀리 길 떠나고 나는 비에 젖는다
물가에 앉으면 물이 되고
숲속 거닐면 잎으로 흔들리던 너

비 오는 강가에 앉아
흐르는 사랑 만진다

너 없는 시간에 물 속에 손을 담그면
하늘이 시리게 내려와
파랗게 배어든다

내 몸이 자꾸 서럽게
물푸레나무로 서 있다
―〈물푸레나무 사랑〉 전문

〈물푸레나무 사랑〉 역시 시인의 사랑이 분출되지 못하고 시인의 가슴으로 '파랗게 배어' 들고 있는 아름다운 시다. 헤어짐은 그리움으로 남기 마련이지만 비가 내리듯, 강물이 흐르듯, 사랑은 시인의 손끝에 만져진다. 어찌 손뿐이랴. 마음도 그러하며 마침내 몸 전체가 서럽게 물푸레나무 한 그루가 되어 비를 맞고 있는 것이다. 그가 울고 있는 속울음은 빗소리에 젖어 그대로 하나의 풍경이 되고 있다. 그러고 보니 비도 울고 강도 울고 시인도 울고 물푸레나무도 울고 있다. 나직하게 울고 있는 한 폭의 풍경화. 그러나 얼마나 조용한가. 얼마나 평화로운가. 그러나 이 조용함과 평안함에 쉽게 들키지 않으려는 시인의 힘과 정신이 들어 있다.

2. 맑고 깊은 어둠, 그 고독의 행간

자아 밖의 세계에 대한 사랑이 조용함과 평안함으로 귀결되는 데에는 시인의 견디기 방식이 남다르다는 점에 있다. 폭발해 버릴 것 같은 뜨거움이 감지되는 데도 그 지점 바로 직전에 자신을 거두어들인다. 자기 통제나 자기 수면일 터인데 그것은 지극히 맑고 투명하다.

사랑을 버리고 싶다
버릴 사랑
어디 있느냐

백담사
굽이 오름길
어둠이
참 맑다

스님은
혼자 서 있고
산은
여럿 모여 산다
―〈참 맑은 어둠〉 전문

'사랑을 버리고 싶다'고 시인은 말한다. 왜 버리고 싶지 않겠는가. 시인은 사랑을 끊임없이 갈구했지만 얻지 못했기 때문이다. 아니 사랑은 어느 순간 다가왔지만 그냥 놓아 보낸 것이리라. 그러나 시인은 자신을 낮춘다. '버릴 사랑/어디 있느냐'고 말한다. 이 말은 중의적으로 해석된다. 그 하나는 아예 마음의 본바탕에 사랑 같은 것이 없었으니 버릴 사랑이 없다는 뜻이다. 사랑이 없다니! 그렇게 시인을 괴롭혀 오고 기다리게 하고 견디게 한 것이 '사랑'이었는데 그 '사랑'이 없다니. 그러나 돌아서서 생각해 보면 누구를 사랑한다는 것은 부지불식간에 그 사랑의 실체는 아득히 사라지고 막연한 그리움의 안개나 허명을 좇는 일이 아니었던가. 사랑이라는 말은 이미 내뱉으면 그 신비감이 사라지지 않던가. 그렇게 절대적으로 사랑했다고 믿었던 대상도 어느 순간 다 사라지고 비어 있지 않던가. 아마 시인은 그렇게 생각했는지도 모를 일이다.

또 다른 하나의 의미는 사랑은 있으되 간직해야 하므로 놓아 보낼 수 없다는 뜻이다. 사랑은 적어도 함부로 버려질 만큼 가치 없는 것은 절대로 아니라는 것이다. 버려지는 사랑은 이미 사랑이 아니라는 것이다.

이 중의적 의미는 이 작품의 묘미에 기여하고 있다. 깊이 있는 울림을 동반하고 있다. 그 여진은 그대로 다음 행으로 연결된다. 백담사 굽이 오름길에서 시인은 어둠을 만난다. 그런데 그 어둠을 맑다고 얘기한다. '참 맑은 어둠'이라고 말한다. 백담사로 오르는 길은 '백담'이 암시하듯 고운 물줄기가 잠시 쉬어 가는 물웅덩이가 많다. 그 물의 흐름과 고임이 어둠 속에서도 도렷하게 드러난다. '참 맑은 어둠'일 수 있다. 그러나 그뿐일까.

그러나 앞의 얘기와 연결해 보면 이 작품의 심층적 묘미가 희부윰하게 잡혀져 온다. 사랑이 있는 줄 알았는데 그것이 사랑이 아니라면 얼마나 마음이 허전하랴. 그러나 자연은 어둠 속에서도 맑음을 간직하고 있는 것이다. 비어서 고요한 마음 위에 그 맑음이 조용히 내려앉는다. 허전함을 다 메워줄 정도로 그 맑음은 오히려 평안한 마음을 불러오는 것이다. 그러나 그것이 아니고, 시인이 아무리 하찮다 하더라도 자신의 사랑을 애써 껴안고 있는 것이라면 그 또한 어둠 속에서 적이 위안을 받지 않으랴. 왜냐하면 어둠도 맑음을 그렇게 애써 지키고 있기 때문이니 말이다. 어둠도 그러하듯 자신의 사랑도 사랑 아닌 미움까지 애써 지키고 있기 때문이다.

시인의 시선은 스님과 산으로 시선을 옮긴다. '스님은/혼자 서 있고/산은/여럿 모여 산다'고 말한다. 언뜻 생각하기에 '스님은 여럿 모여 살고 산은 혼자 서 있다'라고 할 법한데 시인은 바꾸어서 말하고 있다. 암자라면 몰라도 절에는 아무리 작은 절이라도 스님이 여럿 있기 마련 아닌가. 그리고 어느 산이더라도 산의 명칭이 하나이듯 산은 홀로 서야 제 맛이 난다고 생각해 오지 않았던가.

그러나 이렇게 생각하는 우리의 관념은 얼마나 잘못되어 있는가. 스님은 여럿 있어도 늘 혼자다. 각자가 자기 마음의 정처를 지니고 용맹정진하기 때문이다. 스님은 각자의 마음속에 각자의 산 하나씩을 지니고 산다. 그러나 산은 홀로 서 있는 것처럼 보이지만 홀로 있는 산은 거의 없다. 작은 봉우리와 봉우리가 연결되어 굽이굽이 흘러내린다. 작은 봉우리는 무슨무슨 산이라고 명명하지만 않았을 뿐이지 그 역시 산이지 않던가.

사랑이 나에게 본시 없다 하더라도, 아니 나에게 사랑이 있되 그 못난 사랑이라도 떠나보내지 못하고 걸어가는 산길. 백담은 어둠 속에서도 맑음을 안고 저리 깊네. 이렇듯 자연은 극과 극이 통하여 한 몸인데 외로운 것은 늘 사람의 일. 스님은 우두망찰 혼자서 마음속의 산을 세우는데 산은 굽이굽이 그 외로움을 둘러싸고 있네. 나도 그 외로움에 깊어져서 산이 되네. 옹기종기 산들이 모여 외로워도 외로워하지 않고, 내 정신 어둠 속을 헤매어도 그 둘레 맑은 빛이 이네. 아마 이 정도의 뜻을 담고 있는 것은 아닐까.

연꽃은
아무 곳에서나
함부로
피지 않는다

초록잎 위에
흙탕물 뿌려져도
은구슬 굴리는 걸
보면 안다

진흙 속
두 발 담그고
즐거워하는
아,
즐거워하는
―〈연꽃〉 전문

　〈연꽃〉이란 작품도 같은 맥락에서 읽혀진다. 주위 환경과는 전혀 상관없이 의연한 연꽃. 진흙 속에 몸을 두고서도 아름다운 웃음을 선사하는 연꽃은 사랑에 대한 시인의 자세가 아니고 무엇이겠는가. 고통과 좌절과 외로움과 기다림의 연속이더라도 오히려 생의 찬란한 환희로 바꾸어 놓는 긍정적 삶의 태도 안에 그의 사랑은 자리잡고 있는 것이다.

3. 두 개의 문, 절정의 죽음과 몸 낮춤의 탄생

그러나 따지고 보면 시인 역시 사람이다. 모든 것을 초탈하기가 어렵다. 사랑도 사람의 일이고 보면 사랑이 많은 시인들에 의해 왜 중심 테마가 되어왔는지를 쉽게 가늠할 수 있게 된다. 세계에 대한 사랑이 없는 시는 시가 아니다, 라고 말할 수 있는 것도 그것이 증오든 분노든 편애든 모두가 사랑을 전제로 한 것이기 때문이다. 그 사랑은 때로 목숨을 위협하기도 하는데 그에 대한 절창의 시 한 편을 여기서 만난다.

　　당신도 처음에는 연초록 잎새였다

　　너와 나

　　사랑으로 뒹굴고 엉클어질 무렵

　　목이 타

붉게 자지러져

숨이, 탁!

끊긴다
-〈단풍〉 전문

목이 타서 그냥 숨이, 탁! 막힐 것 같은 시다. 모든 것은 처음에는 미약하기 마련이다. 사랑도 역시 그러하다. 그러나 사랑에 눈이 멀면 목숨도 국경도 초월하기 마련인 법. 시인은 단풍나무를 통해 이를 극적으로 승화시키고 있다. 이 시조는 동시에 단시조가 가지고 있는 극적 구성을 극대화하고 있음이 주목된다. 초장은 한 줄, 중장은 두 줄, 종장은 네 줄로 되어 있다. 그러나 줄 수와는 역으로 시간의 흐름은 나중으로 갈수록 촉급해진다. 다시 말해 초장의 '연초록 잎새'는 동면에서 깨어나는 '봄', 중장의 '사랑으로 뒹굴고 엉클어질 무렵'은 '여름', 종장은 가장 순간적이면서도 일시에 깊어 가는 '가을'이다. 봄은 밋밋하게 흘러 지나간다. 그러니 한 줄로 족하리라. 중장은 두 줄로 처리했는데 이채롭게 호흡을 첫걸음 다음에서 끊었다. 그러나 보통의 경우처럼 '너와 나 사랑으로/뒹굴고 엉클어질 무렵'으로 했다고 치자. '너와 나'의 주체적 의

미가 훨씬 반감된다. 시인은 주체적 존재로서 '나' 뿐만이 아니고 '너'를 포함한 우리를 강조하고 있는 것으로 해석된다.

시인이 가장 비중을 둔 곳은 물론 종장의 네 줄이다. 그런데 가장 순간적인 것을 초, 중장보다 더 많은 네 줄로 처리하고 있음에 우리는 주목하지 않을 수 없다. 네 줄의 각각은 함축적인 의미를 내포하고 있다. '목이 타'는 갈증은 갈증대로, '붉게 자지러'지는 단풍 본래의 특성은 특성대로 사랑의 아픔과 희열을 나타내고 있다. '숨이, 탁!'은 절정에 다다른 모습이고 '끊긴다'는 죽음에 온전히 이르는 사랑의 마지막 모습을 극명하게 보여준다. 이 각각의 독립적 의미 때문에 시인은 네 줄로 한 것이다. 그런데 정작 이 네 줄은 독립성을 지니면서도 **빠르게 읽힌다**. 순간적인 시간의 흐름을 예리하게 잡아내고 있기 때문이다.

요컨대 이 작품은 한 줄인데도 완만하게 읽히는가 하면, 네 줄인데도 촉급한 호흡을 유도함으로써 시적 긴장을 극대화하고 있다. 단시조의 미학을 치밀한 구성과 내용의 전개를 통해 유감 없이 보여주고 있는 아름다운 작품이다.

강을

건넜으면
나룻배를 버려야 하듯
당신을
만났으니
나를 버려야 했습니다
내 안에
자리한
당신
바로 나이기 때문입니다
-〈내 안의 당신〉 전문

때로는
어둠 속 길도
내 몸과 같아서

무턱대고 발 내딛기보다는
헛기침이라도 한번 해주면

발 아래
깔리는 낙엽 되어
따스한 힘이 되리
-〈어둠 속의 길〉 전문

〈내 안의 당신〉이나 〈어둠 속의 길〉을 보면 어떻게 〈단풍〉 같은 절창과 극한의 사랑을 탄생시켰는지 이해가 된다. 〈내 안의 당신〉에서 나라는 존재는 당신이란 존재를 받아들이는 순간부터 없어지고 만다. 사랑이라는 것을 자각하는 순간에 사랑은 없어지고 만다. 사랑의 부재. 사랑은 없어진다. 당신이 곧 나이기 때문이다. 이타 안에 들어가 온전히 하나가 되는 사랑. 주체는 사라지고 객체만 남아 있는 사랑. 강을 건너는 것은 바깥에만 머물렀던 당신이란 존재가 내 안으로 비로소 걸어 들어오는 것으로 풀이된다. 설사 그 '강'을 건너지 않았더라도 시인의 가슴속에 넘치는 사랑을 어쩌겠는가. 〈어둠 속의 길〉에서 보듯 '무턱대고 발 내딛기보다는/헛기침이라도 한번 해주면' 족한 것 아니겠는가. 그 기척이 나에게는 무한한 용기를 주고 생명으로 돋아난다. 기꺼이 '발 아래/깔리는 낙엽 되어/따스한 힘이 되'리라고 다짐하게 되는 것이다. 시인의 사랑은 이처럼 아름답다. 말하자면 시인이 서 있는 배경은 늘 그 사랑의 물결이 쉼 없이 파도치는 바닷가이거나 낙엽 깔리는 숲이다. 이 공간에서 결국 시인은 온전히 타자와 한 몸이 되는 사랑을 꿈꾸고 있는 셈이다.

이 사랑의 행로 속에 산행의 길이 놓여 있다. 그러므로 산행 속에 얻어진 많은 시편들도 이 사랑이 바탕을 이루고 있다. '두 발 든든하게 받쳐주는/땅 힘과 눈 맞추고/마음을 낮추고 낮춰/쉼 없이 걸어'(《산 오르기》에서)가는 그의 산행은 만행(萬行)이라 불러도 좋을 만하다. '산이 거기 있어/나를 몸살나게 한다/밤 깊은 시간에도 소리 없이 찾아와/그리움/뜨거운 그리움이/무엇인지 사무치게 한다'(《그 산》에서)라는 구절을 읽어보면 미루어 짐작할 만하다.

    지금도 그곳 가면 내 친구 억식이
    흙 먹고 살고 있는지 아니면 내 친구 아닌
    아버지 동무 억식이 똥짐 지고 살고 있는지

    나는 알지 못해도 지도에 나온 동네
    비 오는 날 맨발로 걸어걸어 찾아간다
    억식이 이름만 들어도 눈물날 것 같은

    할아버지의 할아버지 꼭 닮았을 억식이
    아버지 친구의 친구 딱 한번 언뜻 뵈었을
    억식이 억식이 동네 깊은 산에 살고 있었네
    —〈억식이 동네〉 전문

'억식이 동네'는 시인의 소개를 빌리자면 경북 상주시

화남면에 소재한 화령재에서 갈령 사이의 백두대간 구간에 있는 자연 부락의 이름이다. 산행의 과정 속에 얻었음 직한 이 작품은 시인의 서정성이 질박한 가운데 잘 무르녹아 있다. 억식이는 내 친구이기도 하고 아버지 친구이기도 하며 할아버지의 할아버지이기도한 인물이다. 지지리도 못난 무식한 사람들과 촌 냄새 풀풀 풍기는 동네일 것만 같은 '억식이 동네'. 문명과는 아예 동떨어진 암담한 곳을 시인은 '비 오는 날 맨발로 걸어걸어 찾아간다.' '비 오는 날 맨발'이라야 그들에게 다가갈 수 있기 때문이다. 시인의 세계에 대한 사랑은 이러한 몸 낮춤에 있다. 문명의 이기 속에 편리함을 추구하는 우리들은 얼마나 많은 것을 잃어버리고 살아가는가. 이름만 들어도 눈물이 날 것 같은 '억식이 동네'는 몸 낮춤의 사랑을 아는 사람들만이 드나들 수 있는 동네다. 거기 우리가 잊고 지내온 아버지가 있고 할아버지가 있고 할아버지의 할아버지가 있다.

지금까지 살펴보았듯 시인의 사랑은 수없는 기다림으로 견디어온 사랑이다. 사랑한다 말하지 못하고 오로지 '칼바람 날개로 버티는 사랑'의 자세를 보여줄 뿐이다. 아픔으로 견디는 사랑이요, 고통을 건너는 사랑이다.

또 시인의 사랑은 참 맑은 어둠과 같은 사랑이다. 산이

산과 어울려 살아가듯, 어둠이 맑은 빛을 품듯 시인이, 정신이, 어둠 속을 헤매어도 그 둘레 맑은 빛이 이는 사랑이다. 그러니 주위 환경과는 전혀 상관없이 진흙 속에 몸을 두고서도 아름다운 웃음을 선사하는 연꽃의 사랑이다. 고통과 좌절과 외로움과 기다림의 연속이더라도 오히려 생의 찬란한 환희로 바꾸어 놓는 긍정적 사랑이다. 때로는 목이 타서 그냥 숨이, 탁! 막힐 것 같은 죽음에까지 미친 척 달려가는 사랑이다. 죽음의 사랑이다. 이타 속에 들어가 온전히 하나가 되는 사랑이다. 죽음을 통과한 사랑은 '억식이'처럼 바닥을 아는, 바닥의 아픔을 공유하는 몸 낮춤으로부터 다시 탄생한다. 이 두 개의 문을 시인은 자유자재로 드나든다. 그러므로 시인에게 사랑은 있되 영원히 잡지 못할 이데아일지도 모른다. 그렇다 하더라도 결코 그는 절망하지 않으리라. 이미 부재의 허무를 견디는 법을 알고 있으므로. 오히려 그 사랑의 부재가 그에게 사랑을 불러오고, 사랑 아닌 것도 사랑으로 변환시키는 힘을 지니게 하지 않겠는가.

영원하라. 고독하더라도 아름다운 시인이여, 사랑이여.